AF247829

AUX
ÉLECTEURS RÉPUBLICAINS

DE

L'ARRONDISSEMENT DE SAINT-PONS

RÉPONSE A M. AGNIEL

DÉPUTÉ

Par M. GUSTAVE ROUANET

D'OUPIA

BÉZIERS

Imprimerie J.-B. Perdraut, Avenue St-Pierre, 17

1880

Aux Electeurs Républicains

D E

l'Arrondissement de St-Pons

CITOYENS,

Dimanche, 31 octobre dernier, dans une réunion
privée, convoquée par M. Agniel et devant laquelle
notre député avait la prétention de venir rendre compte
de son mandat, je n'ai pu user du droit imprescrip-
tible qui appartient à chaque électeur, celui de me
faire entendre pour demander à M. Agniel certaines
explications sur la façon dont il a rempli la mission
que le corps électoral républicain de l'arrondissement
de Saint-Pons lui confia en 1877. Ce droit impres-
criptible qu'on m'a ravi dans une réunion privée, j'en
revendique aujourd'hui l'exercice dans ces courtes pages, et puisque M. Agniel a fui la discussion au grand
jour ; — puisqu'il n'a pas osé se présenter, comme
je l'ai demandé, devant une réunion publique ; — qu'il
a trouvé plus commode, pour éviter les interpellations
désagréables d'électeurs républicains indépendants, de
faire étouffer leurs voix par quelques chauds fidèles
triés sur le volet, marguillers en retraite, bonapartistes ralliés, ou autres républicains de même acabit, je

transporterai le débat devant l'arrondissement de Saint-Pons tout entier ; n'ayant pu parler dans une petite salle choisie exprès pour la circonstance, dimanche dernier, je m'adresserai à l'universalité des citoyens, et une coterie n'étant plus entre le lecteur et moi pour m'interrompre, ce que je dirai sera entendu.

Cette réponse à sa propre apologie que M. Agniel a redouté de me laisser prononcer, je l'écrirai ; l'intolérance dont on a fait preuve dans l'assemblée de dimanche sera un grief de plus à ajouter à ceux, si nombreux hélas ! que la majorité d'entre vous à déjà formulés contre notre député.

Ah ! on veut étouffer les protestations ! On ne veut pas que la voix des électeurs vienne rappeler les élus au respect des engagements pris, des principes affirmés, des déclarations faites, des professions de foi signées ! Leurs tentatives déloyales ne feront qu'accroître notre invincible éloignement pour de tels mandataires ! Et si quelques esprits apathiques ou indifférents avaient pu se laisser convaincre par les phrases habilement calculées, les artifices oratoires savamment amenés, dans l'art desquels M Agniel est passé maître, le récit de la comédie scandaleuse qu'il a jouée à Olonzac avec la collaboration de quelques fidèles comparses, suffirait pour les désabuser.

Voici le récit de ce qui s'est passé : récit exact, impartial, dont je défie Monsieur Agniel et ses fidèles de contester la vérité. Ils clabauderont peut-être dans leurs petits cénacles, mais ils n'oseront venir me donner un démenti formel dans une réunion publique, car là, ils savent que la majorité électorale jugerait, comme elles le méritent, leurs manœuvres et leurs intrigues.

Ainsi que je l'ai dit plus haut, citoyens, une réunion privée avait été préparée dimanche dernier à Olonzac. Non contents de ne point présenter M. Agniel devant une assemblée publique, de crainte qu'une trop grande affluence de monde ne mit les organisateurs dans la nécessité de refuser des cartes, et voulant avant tout qu'aucun incident ne vint troubler leur sérénité habituelle, nulle publicité n'avait été donnée à cette réunion par celui que M. Agniel avait choisi pour collaborateur principal dans la farce qui allait se jouer. C'est M. Tarbouriech, conseiller général, qui avait accepté ce rôle ; et sa conduite m'a surpris, car il a toujours nagé autant que possible entre deux eaux, ménageant la chèvre et le chou, la chèvre opportuniste et le chou radical ; ami des opportunistes, sans cependant trop malmener les radicaux, avec lesquels il était, comme avec moi, par exemple, en excellentes relations.

La réunion, privée, l'était, au point qu'à Olonzac même la majorité ignorait l'arrivée de M. Agniel. A Oupia, nous n'en eûmes connaissance que par le maire réactionnaire, M. Francès, qui a jeté depuis longtemps le masque républicain dont il s'affublait ; qui, le 14 juillet, n'a pas célébré l'anniversaire de la prise de la Bastille, traitant ses électeurs mécontents de son attitude, de « va-nu-pieds » et de « meurt de faim ».

L'annonce de la réunion nous fut communiquée à onze heures seulement, avec le lieu où se distribuaient les cartes, de sorte que la plupart d'entre nous ne purent y assister ; d'ailleurs, nous fûmes deux ou trois de prévenus. Par hasard, j'étais du nombre. Quand j'arrivai à Olonzac, tous les citoyens que j'interrogeai au sujet de cette réunion, se montrèrent stupéfaits, déclarant qu'aucune communication semblable ne leur avait été faite. Je puis donc dire que c'est par moi qu'une partie des républicains d'Olonzac fut prévenue, à 1 heure 1|2, qu'une réunion allait se tenir à 2 heures. Quelle que pût être la composition de cette réunion, je n'hésitai pas à m'y rendre, pour protester contre la façon cavalière dont M. Agniel traitait le corps électoral. Sur mes instances, quelques républicains fervents, prévenus à la hâte, à la dernière heure, se décidèrent à aller chercher des cartes.

Après deux heures, on ne délivra plus de cartes et on laissa l'entrée libre, ce qu'on pouvait faire impunément, car on était alors assuré qu'il y aurait très-peu de monde,

A l'entrée, je reprochai *amicalement* à M. Tarbouriech de s'être prêté à une bouffonnerie semblable, lui représentant que la conduite de M. Agniel était inexcusable en cette occasion. M. Tarbouriech se blanchit de son mieux, me déclarant que M. Agniel ne lui avait télégraphié que le vendredi, qu'il n'avait trouvé de local que le samedi, etc.

Voici la physionomie fidèle *de la séance :*

M. Agniel prend place sur l'estrade, accompagné de M. Tarbouriech,

M. Tarbouriech déclare que M. Agniel n'a pu venir plus tôt. Que c'est à son grand regret qu'il n'a pu faire à ses électeurs sa visite annuelle, parce qu'il était allé… *en Suisse,* faire soigner sa santé compromise par… un pied malade. (!!!)

Moi. — Je demande la parole.

M. Tarbouriech. — On va d'abord former le bureau.

Moi. — Je demande la parole pour une motion

d'ordre. Ma motion ayant précisément pour objet de demander la clôture de la réunion, je prie le citoyen président de me l'accorder. D'ailleurs, je serai bref.

M. Tarbouriech. — Vous avez la parole.

Moi. — Citoyens ! Ce n'est pas devant un nombre d'électeurs aussi peu considérable que celui convoqué par M. Agniel dans cette assemblée, qu'un député doit venir rendre compte de son mandat. M. Agniel est justiciable du suffrage universel tout entier, qu'il doit convoquer de façon que tous les citoyens puissent venir entendre ou demander les explications qu'ils jugent nécessaires. C'est dans une réunion publique, annoncée à l'avance, afin que tous les citoyens puissent prendre leurs mesures de manière à y assister, non dans une réunion privée que M. Agniel doit convoquer les électeurs envers lesquels il est comptable de ses actes. Or, nous ne sommes ici qu'une minorité infime du corps électoral, n'ayant reçu aucun mandat du suffrage universel; nous n'avons ni titres, ni qualités, pour prendre aucune décision à l'égard de M. Agniel, s'il y avait lieu. Dès lors....

M. Tarbouriech. — Je prie M. Rouanet de formuler sa motion et de ne pas entrer dans la discussion.

Moi. — Je me rends aux justes observations du citoyen président, et je le prie, avant la formation du bureau, de bien vouloir mettre aux voix la motion d'ordre suivante :

« Les électeurs convoqués par M. Agniel, assemblés en réunion privée à Olonzac,

» Considérant,

» Qu'ils ont été irrégulièrement convoqués, M. Agniel

ne devant présenter un compte-rendu de sa conduite
que devant une réunion publique préalablement annoncée ;

» Que, dès lors, ils ne sauraient prendre aucune décision valable, et que la réunion privée n'a plus de rai-
son d'être ;

» Que, cependant, il est nécessaire d'entendre M.
Agniel,

» Pour ces motifs,

» Votent les résolutions suivantes :

» 1° La clôture de la réunion privée ;

» 2° L'organisation d'une réunion publique, dont la
date, l'heure et le lieu seront fixés publiquement
(ultérieurement ou séance tenante) au moins quatre
jours à l'avance, de façon que le plus grand nombre
d'électeurs puisse s'y rendre ;

» 3° M. Agniel est invité à y assister, pour venir
rendre compte de son mandat aux électeurs. »

(Pendant que je parlais, quelques murmures ont
éclaté dans un coin, à gauche du bureau ; parmi les
interrupteurs les plus acharnés, se fait distinguer un
certain Brieussel, huissier, que je signale à M. Agniel
comme ayant dignement rempli sa mission, si on lui
en a confié une.)

M. Tarbouriech, au lieu de mettre ma motion aux
voix, se contente de reprendre le thème favori de la
maladie du pied qui a forcé M. Agniel à aller en
Suisse, au lieu de venir à Olonzac. Travestissant non-
seulement les termes, mais encore la portée de ma
motion, il dit à l'assemblée : « M. Rouanet vous demande si vous avez le droit de vous réunir ? » (Voix
nombreuses : Nous avons le droit *de nous réunir !*
d'autre voix : « *Ce n'est pas là ce qu'a demandé le*

citoyen Rouanet ! » — Le clan des fanatiques d'Agniel crient : Le bureau !).

Moi. — M. Tarbouriech ayant refusé de me laisser développer ma motion, d'en discuter les termes et la portée, je prie les citoyens soucieux de la liberté de la parole, de laisser parler M. Tarbouriech, qui s'aventure sur le terrain de la discussion ; je lui répondrai : (Interruptions nombreuses. *Le Bureau !* Quelques bravos).

M. Tarbouriech déclare qu'il fera preuve de la plus grande impartialité, mais que la formation du bureau est indispensable, avant d'ouvrir les débats.

Moi. — Terminez ce que vous avez à dire sur ma motion, que je défendrai tout à l'heure ; car vous deviez la mettre aux voix, sans aucune appréciation. L'ayant attaquée, j'ai le droit de la défendre.

(Le clan des fanatiques s'agite de plus en plus. Il faudrait en venir aux mains pour imposer silence aux hurleurs, parmi lesquels se distingue l'huissier Brieussel.

M. Tarbouriech. — Nous allons donc former le bureau.

Moi. — Soit. Mais je proteste contre la partialité dont M. le président vient de faire preuve, me réservant de protester ailleurs que dans cette enceinte. Et ma protestation qu'on dédaigne aujourd'hui dans une réunion privée, ne sera pas isolée en 1881, aux prochaines élections.

(On crie: *Le bureau !* Voix nombreuses au fond de la salle, les républicains arrivés les derniers faute d'avoir été prévenus: *Sortons ! que les républicains quittent cette salle, leur place n'est pas ici !* De nombreux assistants indignés, se retirent.)

M. TARBOURIECH. — Citoyens, vous êtes invités à nommer votre bureau.

Une voix : M. Tarbouriech ! — Rires dans la salle. — Une seconde voix : M. Tarbouriech, accepté ! — Deux ou trois voix : Oui ! accepté ! — Le clan des fidèles, qui s'est abstenu, applaudit à tout rompre, mais ne réussit pas à chauffer l'assemblée qui reste froide.

Deux ou trois voix acclament M. Rivet, qui escalade l'estrade. Un plus grand nombre, vingt ou trente, nomment M. Bertrand de la Livinière ; M. Bourdié, de Beaufort, obtient, avec M Clavel, d'Olonzac, une centaine de voix environ. (On est à peine 250.)

Quoique M. Bourdié soit celui qui a obtenu le plus grand nombre de voix, M. Tarbouriech ne s'en installe pas moins au fauteuil de la présidence. Il remercie la réunion de l'honneur (!!!) qu'on a bien voulu faire aux membres du bureau, et termine en disant que M. Agniel va parler ; après lui, il se déclare prêt à accorder la parole à celui qui la demandera.

M. AGNIEL commence par dire qu'il n'est pas venu avec l'intention de plaire ou de flatter. Il ne relève que de sa conscience et flétrit les motifs intéressés de certaines politiques dont les paroles sont dictées dans un but évidemment personnel. Il n'a pas demandé à représenter l'arrondissement de Saint-Pons. On est venu le chercher. N'écoutant que son dévouement, son esprit d'abnégation et de sacrifice, il a consenti à poser sa candidature ; il affirme ensuite qu'il n'a pas peu contribué à rallier le canton de la Salvetat, jusqu'ici rétrograde, à la cause de la République. Il s'élève avec violence contre ces prétendus républicains, toujours mécontents, dont les rancunes personnelles ser vent la cause de la monarchie ; il déclare que si le canton d'Olonzac contient quelques électeurs hostiles à sa politique, les autres cantons lui sont dévoués.

(Pendant toute cette partie de sa harangue, qui a duré au moins demi-heure, M. Agniel n'a cessé de me provoquer du regard et du geste.)

Il fait ensuite une apologie outrée de tous les actes accomplis par la Chambre actuelle, qu'il qualifie de Chambre patriotique et républicaine. Il rappelle que l'Assemblée « monarchiste et usurpatrice » élue en 1871, n'avait cessé de conspirer la perte de la République. Grâce à la Chambre actuelle, la République n'est pas un vain mot ; Gambetta aidant, elle est assise sur des bases solides et peut mépriser les criailleries monarchiques ou de quelques exagérés. Il aborde ensuite la question des décrets, qu'il appelle légaux et constitutionnels. L'Assemblée n'a pas voulu, dit-il, attaquer la religion, puisque tous les ans elle augmente le budget des cultes, qu'elle rétribue largement les évêques, etc. M. Agniel après avoir, sans rappeler aucun acte précis, de nouveau délivré à la Chambre un brevet de patriotisme, passe aux prochains travaux qui couronneront enfin son œuvre, que notre député qualifie de «grandiose et sublime». La loi sur la magistrature, la loi sur l'armée, la loi sur l'enseignement, et la loi sur la liberté de la presse. Il trouve nécessaire, en présence de certains « phénomènes » qui se sont manifestés depuis peu parmi les juges inamovibles, de soumettre ces derniers à une nouvelle investiture. Il espère que l'assemblée votera l'enseignement primaire, gratuit, laïque et obligatoire. Parlant de la liberté de la presse, il s'élève avec virulence contre cette dernière, qui depuis quelques temps, dit-il. s'est appliquée systématiquement à dénaturer l'esprit des 71 articles que contient le nouveau projet de loi. Il veut la liberté, mais non l'impunité. La liberté absolue de la presse constituerait à ses yeux, un privilège pour les écrivains, et il est l'ennemi des privilèges. Le projet dont M. Lisbonne est rapporteur, est, dit-il, le projet le plus libéral qui ait été élaboré jusqu'à ce jour. S'il contient des dispositions répressives, c'est qu'il convient de ne pas laisser traîner tous les jours la République dans la boue, comme le font en ce moment les journaux cléricaux et monarchistes. Il cite les dispositions contenues dans de prétendues lois sur la presse votées par la Convention. Enfin, il termine sa harangue en émettant l'espoir que la Chambre vo'era le projet de loi Laisant qui supprimera le volontariat d'un an et réduira la durée du service militaire à trois ans.

En finissant, il invoque de nouveau sa conscience qui, dit-il, n'a rien à lui reprocher.

(M. Agniel a brodé, durant une heure et demie, des phrases plus ou moins sonores sur le thème banal que je viens d'exposer tout au long. Orateur très-habile, quoique sa phrase soit un peu lâche et son débit trop déclamatoire pour masquer entièrement le creux de sa pensée, malgré l'affectation qu'il a mise à prononcer d'une voix vibrante et colorée, des périodes à la fin de laquelle sonnait retentissant le mot de « République, » les applaudissements ont été rares. De nombreux citoyens ont quitté encore la salle pendant qu'il parlait.)

M. TARBOURIECH. — Quelqu'un demande-t-il la parole ?

MOI. — Je demande la parole.

Ici, je renonce à traduire par le compte-rendu la

physionomie de la séance. Chacune de mes phrases est violemment interrompue, M. Tarbouriech et M. Agniel prennent tour à tour la parole avant même que j'aie pu entièrement exprimer une idée. Du clan des fidèles partent des interruptions précipitées, auxquelles je ne puis répondre à la fois. A un moment cependant la salle s'indigne, quand je dis :

« Citoyens, je suis l'expression de la majorité. Le droit de parler, dans cette enceinte, ne peut m'être ravi que par une violation flagrante des principes. Haut les cœurs. Citoyens républicains restés dans la salle! Protestez avec énergie, et je vais dresser, en présence de cette infime minorité du corps électoral qui veut étouffer ma voix, le réquisitoire sur lequel l'an prochain, M. Agniel sera jugé et condamné par ses électeurs... »

Vains efforts ! Ma résistance pourrait provoquer des troubles graves que nous feraient payer cher MM. les gouvernementaux qui peuvent impunément violer la loi, comme, par exemple, quand ils ouvrent une réunion privée au public sans avoir rempli les formalités légales ; de guerre lasse, j'abandonne la tribune en protestant.

Telle est, fidèlement reproduite, la physionomie de la séance qu'a présentée la réunion privée tenue à Olonzac dimanche 30 octobre dernier, par M. Agniel.

J'oubliais : le bureau se leva avant que j'eusse terminé. M. Rivet, conseiller d'arrondissement, me décocha en partant cette flèche du Parthe, qui n'a fait que glisser sur mon épiderme, déjà habitué aux gentillesses opportunistes : « On ne peut tenir une réunion, sans que quelque brouillon ne vienne jeter le désordre dans les débats. » Dans quels debats, ô M. Rivet!

ô docteur ! avais-je donc porté le désordre ?... Tous ces élus du suffrage universel, capteurs de la confiance publique, dès qu'on attaque l'un d'eux, s'entendent comme larrons en foire pour honnir les récalcitrants et, comme le voleur qui crie au « volé », prennent les devants, afin de donner le change au corps électoral, qui ne se laissera plus prendre aux mensonges intéressés de ces farceurs, que ces farceurs s'appellent Agniel, Rivet, Francès ou autres.

Maintenant ce que j'aurais répondu à M. Agniel, si les fanatiques de la réunion n'avaient pas étouffé ma voix, je vais le résumer dans ces courtes pages. Il me faudrait plus d'espace que ne m'en accorde mon imprimeur, pour énumérer tous les griefs que le corps électoral à formuler contre lui; mais je tâcherai d'être bref et de dire beaucoup de choses en peu de mots.

REPONSE A M. AGNIEL

Monsieur,

Si une réunion privée, dont la convocation, quoique vous puissiez dire, a toujours un but intéressé, ne saurait prendre aucune décision à l'égard d'un député, mandataire du peuple et justiciable du suffrage universel tout entier, un citoyen a toujours le droit de juger, de critiquer ou de condamner la ligne de conduite politique suivie par son représentant. Et lorsque ce dernier se refuse à comparaître devant l'universalité des suffrages, oh ! alors, c'est qu'il comprend qu'il n'a pas rempli fidèlement le mandat qu'on lui avait confié. C'est que, ne pouvant affronter les orages d'une réunion publique, il se dérobe et fuit. Et, en agissant ainsi, il se condamne lui-même. Ce que vous avez fait dans votre tournée électorale.

Ces réserves faites, laissez-moi vous dire, Monsieur, que vos allusions aux motifs intéressés de certains exagérés ne sauraient tromper personne. N'étant candidat à rien, je suis — non-seulement moi, mais encore tous ceux qui pensent comme moi — au-dessus de vos soupçons calomnieux.

D'ailleurs, Monsieur, il ne s'agit pas de modération ou d'exagération, mais bien de savoir si vous avez tenu l'engagement d'honneur contracté par vous le jour où vous avez sollicité nos suffrages.

Et comme vous sentez que cet engagement vous l'avez foulé aux pieds, reniant des principes dont le peuple — votre justicier, Monsieur ! ne l'oubliez-pas ! — vous avait confié la défense, vous traitez de soudoyés par la monarchie ceux qui discréditent une Chambre, dont vous acceptez la solidarité de tous les actes qu'elle a accompli !

Trève aux déclamations, aux artifices oratoires! Droit aux faits, et laissons les périodes sonores qui ne prouvent rien. En suivant constamment la politique de la majorité actuelle, vous avez déserté le drapeau que le peuple de l'arrondissement de Saint-Pons vous avait donné pour mission de défendre.

Qu'avez-vous fait depuis trois ans? Avez-vous opéré une seule réforme? Avez-vous une seule fois, vous, personnellement, défendu les principes de 89, dont vous vous êtes réclamé devant le suffrage universel?.. Non !

Et en ne le faisant pas, représentant du peuple ! vous avez failli à votre mandat de député républicain de l'arrondissement de Saint-Pons !

Les principes de 89 proclament la liberté de conscience à laquelle porte atteinte le budget des cultes, ainsi que le maintien de l'ambassadeur, entretenu aux frais des contribuables, auprès du pape, qui peut bien être votre saint-père à vous, mais ne saurait être le nôtre, à nous, libres-penseurs, républicains affranchis de toute croyance superstitieuse, de tout lien monarchique et religieux. En ne supprimant pas l'un et l'autre — je précise — en ne votant ni l'amendement Raspail , ni l'amendement Talandier, tendant à les supprimer tous deux, vous avez renié les principes de 89.

Et pour en finir tout de suite avec l'excuse banale que vous nous avez donnée, ne venez pas nous dire que vous ne sauriez voter, appartenant à l'Union républicaine, les propositions formulées par l'extrême-gauche. Vous appartenez à vos électeurs ! aux déclarations que vous leur avez faites, aux engagements que vous avez contractés avec eux — et ces engagements vous devez les tenir — ce que vous n'avez pas fait jusqu'ici.

Les principes de 89 proclament le droit de « s'assembler, de se réunir, de manifester » un droit inaliénable et sacré, que l'article 7 de la déclaration des droits, placée en tête de la Constitution de l'an II, définit en ces termes : « Le droit de s'assembler et de manifester ses opinions, soit par la voie de la presse, *soit de toute autre manière*, ne peut être interdit. — La nécessité d'énoncer ces droits suppose la présence ou le souvenir récent du despotisme. » Laissant de côté la question de la liberté de la presse que je discuterai plus tard, comment avez-vous défendu ces droits garantis par les principes de 89, contenus dans votre profession de foi ?

En votant le projet de loi sur les réunions, présenté à l'Assemblée et défendu par M. de Freycinet, ancien candidat officiel de l'empire, dont vous vous êtes rendu solidaire ! Or ce projet était une violation flagrante du droit de réunion, M. de Freycinet a eu soin de le déclarer lui-même. « Le projet actuel, dit-il au cours de la discussion, ne garantit pas le droit absolu de réunion. Mais l'heure de la liberté n'est pas encore venue. — Il faut que nos nouvelles lois soient en harmonie avec les lois déjà existantes. » — C'est-à-dire qu'au lieu de supprimer les lois répressives de la Restauration de Louis-Philippe et de l'Empire, toutes les lois à venir devront être liberticides, car elles ne seraient pas en harmonie avec celles « déjà existantes ! » Et vous vous êtes associé, vous, Monsieur, à cette déclaration monstrueuse ! Et vous avez voté cette loi ! cette loi qui livre, sans recours, sans appel, au bon plaisir d'un représentant quelconque du gouvernement, d'un commissaire de police, d'un garde-champêtre, du premier mouchard venu, le droit de dissoudre, d'autoriser ou d'interdire une réunion ! Au lieu de vous lever pour flétrir avec énergie — vous avez assez de talent pour cela — cette violation des principes de 89, vous l'avez votée !!!

Représentant du peuple ! Par ce vote liberticide, vous avez doublement failli à votre mandat de député républicain de l'arrondissement de Saint-Pons !

Et le droit d'association, garanti par les mêmes principes, l'avez-vous défendu ? Avez-vous demandé le rapport de la loi de 1872 sur les associations, loi votée par l'assemblée « monarchique et usurpatrice » de 1871, dont M. Depeyre, avocat des jésuites, fut le rapporteur, que soutinrent également les Delpit, les Fourtou, Chesnelong et autres députés au mandat expiré après la paix, tous usurpateurs de la souveraineté nationale? Non.

Les principes de 89 proclament le dogme du suffrage universel, de la souveraineté nationale. Rapportant la *loi* au *droit* et non le *droit* à la *loi*, c'est à la loi de s'incliner devant le droit, le souverain, c'est-à-dire le peuple, et non au peuple de s'incliner devant la *loi*, c'est-à-dire le fait.

Eh bien ! l'an dernier, dans une circonscription de Bordeaux, le peuple alla prendre dans sa prison, où l'avaient enfermé les passions monarchiques, un homme qui, durant cinquante années, avait combattu pour la République, auquel le rapporteur du conseil de guerre qui le condamna, reprochait d'avoir, le 14 août 1870, tenté de renverser l'empire. Avez-vous ouvert l'enceinte de l'Assemblée à ce vieillard vénérable que tous les gouvernements monarchiques ont proscrit ou condamné ? Nul plus que lui, certes, n'avait le droit de représenter le peuple pour lequel il a lutté, souffert et combattu !... Vous l'avez invalidé ! Ratifiant par là le jugement du conseil de guerre royaliste qui l'emprisonna, non-seulement pour le prétendu attentat du 31 octobre, mais encore pour celui du 14 août 1870 dirigé contre l'empire! Ce jour-là, vous avez déchiré vos bulletins de vote, supprimé l'autorité que vous tenez du peuple, du suffrage universel; car, pour emprunter à M. Tarbouriech, conseiller général du canton de Olonzac, une expression qu'il a prononcée devant moi, en repoussant Blanqui, en méconnaissant la volonté souveraine du suffrage universel de Bordeaux, « vous vous êtes insurgé contre la souveraineté nationale » seule origine de votre autorité. — M. Agniel, en votant l'invalidation de Blanqui, vous êtes, vous aussi, un insurgé de la *loi* contre le *droit*! Représentant contre représenté, mandataire contre mandant, député contre peuple, la loi contre le droit, violation des principes de 89 !

Les principes de 89, invoqués dans votre profession de foi, proclament l'égalité des Français devant la loi. Or, sans vouloir vous chicaner sur l'application arbitraire que font les juges de la loi, sans vouloir vous demander comment il se fait qu'on arrête, séance tenante, un journaliste républicain qui a crié : « Vive la Commune!» tandis qu'on se contente de dresser procès-verbal à M. le comte de Dion, qui assassine M. Scholl en plein restaurant à coups de carafe; — est-ce bien l'égalité devant la loi dont nous jouissons, sous votre pseudo-République, où les évêques sont déférés comme d'abus au Conseil d'Etat et condamnés à une déclaration inoffensive pour des délits qui vaudraient à un journaliste républicain cinq ans de prison et une amende que vos juges ne manqueraient pas de fixer au maximum?

Oh! je sais, vous allez me parler du Concordat. Parlons-en un peu de votre Concordat! Parbleu, le bon billet à la Châtre que vous nous donnez-là! Mais par qui fut-il signé le Concordat? Est-ce par la nation française? Non. Par Napoléon Ier, au lendemain du coup d'Etat de brumaire. Dans quel but? Interrogez là-dessus le comte Beugnot, un favori de Bonaparte, un domestique de Napoléon. Il vous dira que le premier consul voulait organiser une « gendarmerie sacrée », destinée à consolider l'œuvre de Brumaire. Est-ce là aussi ce qu'a voulu M. Gambetta, quand il a parlé d'un « clergé national? » Est-ce le but que veut atteindre le ministre des cultes de la République actuelle, quand il prescrit l'enseignement de la déclaration gallicane de 1682? Quelle dérision!... Oh! comme vous brouillez les choses les plus simples, les plus claires et comme vous travestissez les principes républicains les plus élémentaires! Vous autres, des défenseurs des principes de 89! Allons donc; vous l'avez dit, vous n'êtes que des concordataires. Pas même des concordataires...., des gallicans de 1682!

En 1516, entre le pape Léon X et François Ier, un concordat intervint. La Constituante de 1789, dont vous invoquez les principes, hésita-t-elle à le briser ce Concordat, quand du 12 juillet au 24 août 1790, elle promulgua la Constitution civile du clergé?... Le Concordat de Napoléon Ier et la déclaration de 1682!

Il n'y a pas trace de cela dans votre programme de 1877. On y lit : Principes de 89 et non de 1682 !

Et votre conscience, dites-vous, ne vous reproche rien ?... C'est qu'elle est vraiment bonne fille, votre conscience, Monsieur notre député. Nous qui l'avons plus étroite, nous nous indignons à la pensée que notre représentant, que celui-là qui passe pour notre mandataire, pour l'expression de notre volonté souveraine, s'associe à toutes les mesures liberticides qu'ont pris les 363 depuis leur réélection. « L'arrondissement de Saint-Pons, nous disiez-vous, sera au premier rang ? » Pourquoi nous faisiez-vous cette vaine promesse que vous ne deviez pas tenir ?... Toujours la même histoire, la même comédie : vous sollicitiez nos suffrages, et dans cette occasion rien ne coûte à ceux qui veulent capter la confiance du peuple pour le tromper ensuite.

Tenez, je renonce à continuer l'examen de ces principes de 89, dont vous nous avez promis d'être le soutien fidèle. Il y aurait trop long à dire.

Mais quelle idée vous faites-vous donc de l'intelligence politique de vos électeurs, que vous ayez pu croire que nous nous contenterions de vos affirmations et que nous laisserions passer sans protester toutes palinodies auxquelles il vous plaira de nous faire assister ?...

Certes, quand vous vous êtes présenté le 14 octobre aux suffrages des électeurs de l'arrondissement de Saint-Pons, la situation était nettement définie. Par son ineptie, ses concessions sans mesures, la majorité républicaine des 363 s'était fait mettre à la porte par Mac-Mahon, ce qui pour elle n'était pas trop flatteur. Chassée par un Mac-Mahon ! ! !

Reprendre possession de sa souveraineté violée ; effacer le vestige des institutions monarchiques votées par l'Assemblée usurpatrice de 1871 et toutes consacrées par les 363, du 8 février 1876 au 16 mai 1877, telle était l'œuvre que le peuple croyait accomplir en renvoyant à Versailles cette majorité imbécile qu'il pouvait croire éclairée par les mécomptes qu'elle avait subis. Or, rien de tout cela a-t-il été fait ? Non.

Les monarchistes de 1871 avaient imaginé un système de Constitution royaliste, dont l'exercice préparerait la restauration de la royauté. Pour arrêter les développements de l'idée républicaine, ils restreignirent de 750 à 500 le nombre des représentants, et au-dessus de l'Assemblée nationale, puisant son autorité dans le suffrage universel, ils organisèrent un Sénat et un pouvoir exécutif dont les intérêts solidaire seraient toujours en contradiction avec ceux de la Chambre, expression de la souveraineté nationale. « Il faut opposer une digue salutaire aux flots toujours montants de la démocratie. » Ainsi s'exprimait le rapporteur du projet de constitution, inventé par le monarchiste Wallon, M. Lefebvre-Pontalis. M. Gambetta s'associant à ces projets d'arrêter les débordements de la démocratie, reniant ses déclarations passées, ses professions de foi signées, vota lui aussi cette organisation royaliste, proclamant le Sénat, « la représentation des communes de France. » M. Grévy qui, en 1849, proposa de supprimer la présidence et s'éleva avec tant de force contre l'institution d'une seconde Assemblée que repoussèrent également Pascal Duprat, Laurent Pichat, Jules Simon et bon nombre d'autres opportunistes ralliés depuis au Sénat, M. Grévy ne vota pas la Constitution de 1875.

Il est vrai que celui-là a fait comme les autres, dont vous exaltez l'inflexibilité politique ; il s'est rallié à la présidence lui aussi, quand on la lui a offerte.

Or, avez-vous supprimé cette constitution monarchique ?

Avez-vous , vous, personnellement M. Agniel, comme vous vous y étiez engagé en invoquant les principes de 89 qui proclament le dogme de la souveraineté nationale une et indivisible, demandé la suppression de ce pouvoir exécutif et de ce Sénat — deux épées de Damoclès éternellement suspendues sur la tête du peuple?

Non. Et en ne le faisant, je le répète, représentant du peuple, vous avez failli à votre mandat de député républicain de l'arrondissement de Saint-Pons !

Si, nous avez-vous dit, dans le canton d'Olonzac, quelques électeurs sont mécontents, vous avez conservé la sympathie des autres cantons, où votre politique est jugée comme la seule bonne, loyale et franchement républicaine.

Dès lors, pourquoi dans les cantons de Saint-Pons, à Riols, à Saint-Chinian, etc., n'avez-vous pas osé affronter les orages d'une discussion publique et avoir tenu des réunions privées, dont les assistants ne différaient guère sans doute du public choisi d'Olonzac?

Je vais vous le dire, moi.

C'est que dans ces cantons, éprouvés par le coup d'Etat, survivaient encore, et ce ne sont pas les plus crédules, n'est-ce pas? des républicains de vieille date, dont les cheveux ont blanchi à Cayenne ou à Lambessa, hommes austères, aux croyances fermes et indomptables, que n'ont pas abusé les mensonges et les calomnies répandus par les vainqueurs sur les vaincus, par les massacreurs sur les massacrés, par les assassins sur les victimes de 1871 ; dont le cœur s'est soulevé, lorsque à la Chambre vous n'avez pas voté l'AMNISTIE. Ils se rappellent, eux, Monsieur, toutes les angoisses morales et physiques par lesquelles ils sont passées durant ces terribles jours d'épreuves de 1851 ; ils n'ont pas perdu le souvenir des sanglots que poussaient à leur départ les mères éplorées, les épouses en deuil, les enfants sans pain, tandis que les vainqueurs riaient, criant et hurlant : « A Cayenne, les partageux ! » Leur crime était le même que celui commis par les vaincus de 1871 ; à Saint-Chinian, à Riols, à Saint-Pons, on avait défendu la souveraineté nationale usurpée par Bonaparte, comme l'ont défendue les républicains de 1871 contre l'assemblée « monarchiste » — c'est vous qui l'avez qualifiée ainsi. — Et vous avez laissés, traînant au pied le boulet du forçat, coiffés du bonnet vert, vêtus de la casaque rouge, uniforme du crime et de l'infamie, là-bas, à trois mille lieues de leur patrie, ces républicains valeureux, tandis que dans les mansardes les mères, les épouses, les enfants, grelottaient sur leur maigre grabat, n'ayant pour toute perspective que la mort — ou le déshonneur. Oh ! dans ces cantons, le jour où vous avez repoussé l'amnistie, refusé de rendre le mari à l'épouse, le père aux enfants, le fils à la mère, le proscrit à la France, on a maudit ce vote homicide que vous prétendez n'avoir émis que pour ne pas faire échec à M. de Freycinet — ancien candidat officiel sous l'empire !

« Ces modérés sont toujours féroces quand ils ont affaire aux républicains », disait à mon père en 1848 un représentant de l'Hérault, qui n'a jamais failli à son mandat, celui-là; et qui attendait lui aussi que vous le libériez, car, proscrit par le coup d'Etat, il ne pouvait manquer d'être proscrit aussi par la réaction de Versailles. « Ces modérés sont toujours féroces !» Comme le mot est vrai !

Pour me résumer, qu'aviez-vous à faire?
Tout !
Qu'avez-vous fait ?
Rien !
Nous vous avions donné pour mission de fonder définitivement la République, de débarrasser le pays des sangsues qui le pompent ; des fonctionnaires administratifs qui l'énervent; des institutions politiques qui nient sa souveraineté ; des lois élaborées par quatre réactions successives, 1815, 1830, 1851, 16 mai 1877, qui le ligotent ; de tous les tripotages financiers, qui ont déshonoré tous les gouvernements monarchiques et devraient être sévèrement bannis d'un Etat vraiment démocratique et républicain ; de tous les abus, tous les arbitraires gouvernementaux qui ne sauraient trouver place dans un état de choses ayant pour base la souveraineté populaire ; en un mot de décréter l'application intégrale, absolue, des principes contenus dans la déclaration des droits, application que vous vous étiez engagé, vous personnellement, à soutenir.

Au lieu de cela, par vos concessions, votre indifférence, votre manque d'énergie, et aussi par crainte, comme disait le monarchiste Lefebvre Pontalis, rapporteur du projet de constitution Wallon, par crainte de laisser déborder la démocratie, vous avez conservé non-seulement le fonctionnarisme administratif, qui n'est qu'un instrument de pouvoir autoritaire, mais

encore tont ce qui pouvait arrêter, comprimer le
libre exercice de la souveraineté, Présidence et Sénat;
celles de vos créatures qui ne sont pas bonapartistes
ou monarchistes — si toutefois il y en a — ont rem-
placé dans les sinécures, dans les fonctions grasse-
ment payées, dans les emplois largement rétribués,
ceux dont le peuple ne demandait pas la révocation
ou le placement, mais bien la suppression du trai-
tement.

Toutes ces lois oppressives, décrets royaux, or-
donnances impériales, dont nous attendions le rapport, vous ont servi d'armes défensives et offensives,
non pour attaquer les ennemis de la République, mais
bien les républicains, qui vous sommaient de tenir
vos engagements. Les coupeurs de bourse, comme
par le passé, tiennent le haut du pavé et le jour où
nos ennemis les bonapartistes — pas les vôtres, les
nôtres ! — ont accusé la République de s'être laissé
séduire par les financiers, vous n'avez pas voulu que
le jour se fît sur les honteux tripotages contre lesquels
protesta le bonapartiste Lenglé, laissant ainsi planer
un soupçon d'immoralité, sur celle que nous avons
conquise, non pas pour engraisser quelques joueurs
de bourse, mais bien pour améliorer la situation politique et économique du pays.

Vous avez amnistié tous les arbitraires, tous les
abus, même les guet-apens, comme celui que le pré-
fet de police Andrieux, fonctionnaire de la République qui reçoit les ordres du czar de Russie, tendit à
la population parisienne, dans la matinée du 23 mai
1880, place de la Bastille.

Ah ! vous avez voulu suivre la majorité gouvernementale dans toutes ses palidonies! Eh bien ! Les

électeurs vous jugeront non selon vos promesses, mais selon vos actes.

Voilà ce que vous avez fait, membre de cette majorité. Rien !

Vous avez pris la peine de nous expliquer ce que vous comptiez faire à l'avenir.

Une loi pour suspendre l'inamovibilité de la magistrature assise, que vous voulez transformer en magistrature couchée ; une loi sur l'enseignement primaire, gratuit, obligatoire et *gouvernemental*, soumis, sans contrôle possible de la part du pays, aux autoritaires cléricaux de l'université ; une loi réduisant le service militaire à 3 ans, dont le projet est à l'étude depuis six ans, loi qui ne changera rien aux règlements draconniens, anti-républicains, illébéraux, sous lesquels sont courbés 400,000 hommes, l'élite du pays, commandés non par le pays, mais par une aristocratie militaire dont certains membres, comme Courtot de Cissey, sont des voleurs et des traîtres, d'autres comme Galiffet, le sinistre massacreur de Paris pendant la semaine sanglante, sont appelés tous les jours « assassin, *Desgrieux galonné* » Enfin une loi sur la presse en 71 articles.

A vrai dire les trois autres lois nous importent pas. Tant que la magistrature, l'armée et l'enseignement ne relèveront pas du pays, ce seront là trois corps aristocratiques menaçant la liberté du peuple, qu'il faudra démolir et non pas réformer. mais supprimer. La magistrature doit être élective ; l'enseignement *patriote* dans toute l'expression du mot et l'armée *nationale*, car ainsi le veulent les principes de 89 qui font découler toute autorité de la souveraineté populaire.

Que dire de votre projet de loi en 71 articles ? Ce qu'en a dit M. Clémenceau, qu'il manque un 72e article supprimant les 71 premiers.

Si je m'y arrête, c'est pour prouver à vos électeurs combien parfois vous autres, avocats, prêtres de la chicane, avez d'art pour embrouiller les questions les plus claires et les plus simples.

Vous prétendez que la Convention a édicté des lois restrictives du droit d'imprimer ?.... Allons-donc ! De quelle Convention voulez-vous donc parler ?.... Si c'est de la Convention décimée par les intrigues royalistes et girondines, qui envoya Duquesnoy, Goujon, Romme, Ruhl et Soubrany mourants à la guillotine; de cette Convention qui fit la fameuse constitution censitaire de l'an III, nous la répudions, car elle viola les principes de 89. Si c'est de la Convention qui, du 31 mai au 9 thermidor, repoussa l'invasion et éleva à la liberté humaine le plus sublime monument qui soit jamais sorti de la main des hommes, cette grandiose et admirable Constitution de l'an II qui, quoique imparfaite par certains côtés, comme le reconnurent ses auteurs, n'en est pas moins la Constitution la plus libérale, la plus populaire que la France ait jamais eue, Constitution discutée et votée en trois semaines, vous avez tort de l'invoquer, car elle témoigne contre vous. Voici comment, dans l'article 7 de la déclaration des droits, placé en tête, elle reconnaît le droit d'imprimer, d'écrire, etc.: « *Le droit de manifester a pensée par la voie de la presse, ne peut être interdit* »

Lors donc que vous invoquiez l'autorité de la Convention, vous vous jouiez de la crédulité de vos auditeurs et de leur ignorance.

Voulez-vous que je vous dise, Monsieur, puisque vous feinez de l'ignorer, ce que pensaient de la liberté de la presse, les rédacteurs des principes de 89 ?...

Dans la séance du 30 janvier 1790, l'abbé Sieyés prononçait ces paroles remarquables : « Les citoyens ne pensent pas, ne parlent pas en vertu d'une loi, mais bien en vertu de leurs droits naturels. »

Dès lors, à quoi bon vos 71 articles?

Rabaud-Saint-Etienne, un modéré, un girondin, avait déjà dit : « Placer à côté de la liberté de la presse les bornes qu'on voudrait y mettre, ce serait fafre une déclaration des *devoirs*, au lieu d'une déclaration des droits. En faisant des lois, nous devons avoir égard au droit lui-même, plutôt qu'à l'abus qu'on peut en faire. »

Barrère avait ajouté : La liberté politique ne croît que sous l'influence salutaire de la liberté d'imprimer.

Dans la même séance (24 août 1789), discutant un amendement proposé par MM. de Lévis et de La Rochefoucaud, députés royalistes, amendement ambigu tendant à restreindre la liberté de la presse, à l'assujettir « *aux cas déterminés par la loi* », Robespierre s'écriait : « Vous ne pouvez pas balancer à déclarer franchement la liberté de la presse. La liberté de la presse est une partie inséparable de celle de communiquer ses pensées. »

Voilà, monsieur, ce que pensaient de la liberté de la presse ces hommes dont vous invoquez l'autorité — fort mal à propos, puisque par ces courtes citations, il est facile de prouver combien vous êtes en contradiction avec eux.

Votre projet de loi ne contient pas moins de 12 ou 13 cas, qualifiés de délits, tous justiciables de la correctionnelle et passibles d'un nombre de mois de prison que vous auriez dû énumérer devant vos électeurs, afin qu'ils fussent fixés sur la valeur de ce projet soi-disant libéral.

Il est vrai que vous déclarez qu'il est nécessaire de réprimer l'impunité, de ne pas laisser traîner la République dans la boue par les journaux réactionnaires... Mais il existe, Dieu merci, assez de lois à cette heure, pour poursuivre les journaux qui attaquent le Gouvernement. Dès lors, pourquoi, au lieu d'emprisonner les journalistes républicains, n'assignez-vous pas les journaux monarchiques?

Pourquoi?... Vos électeurs sont déjà fixés là-dessus, et toutes vos déclarations, vos protestations, ne sauraient leur donner le change.

Nommés pour défendre les idées républicaines contenues dans les principes de 89, vous n'avez cessés de suivre dans tous ses attentats liberticides la majorité gouvernementale actuelle dont vous avez eu soin, d'ailleurs, d'accepter la solidarité effective de tous les actes. Moralement et matériellement, en droit et en fait, vous vous êtes associés à une politique illibérale, anti-républicaine, gouvernementale, autoritaire, anti-populaire, violatrice de la volonté nationale, de la souveraineté du peuple, d'où procède votre mandat, votre titre, votre autorité législative; dès lors, nous, vos électeurs, vos mandataires, vos juges sans appel, vos souverains et vos maîtres, nous déclarons que vous avez déchiré le contrat passé le 14 octobre entre nous et vous; lien sacré que vous avez rompu vous-même en faussant vos déclarations, en reniant les principes de 89, en mentant à votre programme, à vos promesses.

En 1881, aux élections prochaines, vous ne sauriez vous asseoir de nouveau sur les bancs de l'Assemblée.

Représentant du peuple infidèle, l'arrondissement

de Saint-Pons qui vous a nommé vous renie aujourd'hui pour son député !

CONCLUSION

Citoyens,

Faussaire du suffrage universel dont il a méconnu les vœux, les aspirations et les volontés ; traître à la liberté qu'il a reniée par ses votes successifs lorsqu'il s'était engagé à la défendre, M. Agniel, qu'une coterie avait imposé à l'arrondissement, ne saurait plus dignement nous représenter en 1881 à la Législative.

Si les élections prochaines n'étaient une manifestation populaire et éclatante, contre les abus, les arbitraires de toute sorte, les violations de principes, les désertions intéressées dont le spectacle a écœuré tous les hommes honnêtes appartenant sincèrement à la majorité républicaine du pays, de l'arrondissement de Saint-Pons en particulier ; — si des élections prochaines ne sortait une protestation contre les hommes à qui nous avons confié une mission qu'ils n'ont pas remplie, — nous abdiquerions de nouveau pour *cinq* ans, pour CINQ LONGUES ANNÉES !!! notre souveraineté inaliénable dont le premier dictateur venu pourrait s'emparer, car les ennuques de la politique opportuniste, impuissants à fonder une République définitive basée sur des principes de liberté et d'égalité, par leurs concessions à outrance, par leur insatiable avidité de pouvoir, perdraient jusqu'à cette ombre de forme gouvernementale républicaine dont nous jouissons, grâce non pas à eux, mais à notre énergie déployée avant, après et pendant le 16 Mai.

Citoyens !

Voulez-vous conserver, agrandir le domaine des conquêtes libérales péniblement acquis par nos pères en 1789, et que les réactions successives nous ont enlevé ?

Rallions-nous autour des principes qu'ils ont proclamés et arrière les avocats, les spéculateurs politiques, tous ceux qui, pour un motif ou pour un autre, affublés du masque républicain, ne sollicitent nos suffrages, que pour mieux tromper ensuite notre confiance. Arrière les politiciens ! Place à la souveraineté populaire énergiquement affirmée aux élections prochaines !

Citoyens !

Des esprits timides, quoique sincères, des républicains fermes mais timorés, craignent que l'énergie de nos revendications ne jettent le trouble dans le parti républicain.

Ils se laissent égarer par les sophismes des petites coteries qui jusqu'à ce jour ont imposé au parti républicain leurs vues étroites et leurs choix intéressés.

Quand ces derniers doutent de l'intelligence politique de la majorité d'entre nous, ils insultent à nos convictions et à nos croyances.

Eliminons ces coteries, dont l'influence, qui ne nous a jamais servi à rien, nous a été si souvent désastreuse. A l'influence des petites cénacles, opposons nos résolutions unanimes et irrévocables.

Unissons-nous en dehors de tous les intéressés, de tous ceux qui visent à un but personnel et nous triompherons.

Républicains de St-Pons, d'Olonzac, de St-Chinian et de Riols ! Ne sommes-nous pas en nombre pour faire échec aux clabauderies des petits roitelets de village qui ne voient, dans une élection politique, que leur triomphe particulier ?...

Et vous, citoyens électeurs d'Olargues et de la Salvetat, vous, dont le bon sens est proverbial, qui à un esprit souple et délié joignez des sentiments si nobles et si généreux, savez-vous quel est l'espoir des intrigants politiques ? Ils comptent sur votre concours, sur votre appui, pour comprimer nos aspirations, pour étouffer nos justes revendications. Mais cet espoir est même une injure, une outrage pour votre bon sens politique, dont vous ferez justice aux élections prochaines.

A Athènes, à Rome, au moyen-âge, c'est dans les montagnes, sur les sommets où l'air est pur et la vie libre, sous le ciel bleu des monts que se réfugia la liberté opprimée dans les plaines.

Aux élections de 1881, montagnards, votre bulletin de vote répondra victorieusement à tous ces spéculateurs qui nient votre républicanisme aussi ardent que sincère.

Vive donc la République définitive que nous proclamerons triomphalement en 1881.

Oupia par Olonzac (Hérault), 1er novembre 1880.

GUSTAVE ROUANET.

Tiré à 1,000 exemplaires